Um guia de sobrevivência, um bote salva-vidas e uma bússola

Na Bolsa de valores (ações)

Por Enoc Baxter

Conteúdo

1 - Introdução

2 - A utopia do bom Samaritano;

3 - Ouro de Tolo;

4 - A cova dos Otários;

5 - Deslumbrado na Ilha da Fantasia;

6 - Em busca do pote de ouro no fim do arco íris.

7 - Digas com quem tu andas e lhe direi quem tu és.

8 - Pequeno investidor o que ninguém te conta?

9 - O voo da galinha.

10 - Tudo no seu devido lugar.

11 - A pergunta certa;

12 - All-In;

13 - O Simples é bom;

14 - Que girem as rodas da fortuna;

15 - Agora vai ser diferente (MILK, AGEN, OGX, ECODISIEL);

16 - Além do fundo do poço;

17 - Preço médio, importa?

18 - A minoria se dá bem;

19 - Crise faz sentido?

20 - Resolver agir quando a onda já chegou;

21 - Tudo é uma desculpa;

22 - E você acha que vai dar certo?

23 - Características de empresas ruins;

24 - Todo ano nasce um guru;

25 - Vamos brincar de banco imobiliário?

26 - Quem verdadeiramente te atrapalha?

27 - Estatais;

28 - O melhor produto do mundo;

29 - Toda dívida é ruim?

30 - Viciado em cotação;

31 - Toda concentração e todo monopólio são realmente bons?

32 - Só a diversificação vai te salvar;

33 - Comparações, comparações apenas comparações;

34 - Commodities muita calma nessa hora;

35 - Casos da importância do Tag Along (Aracruz e Sadia);

36 - E se depender de alguém para a empresa continuar sendo boa (Eternit AMIANTO);

37 - Planos para o futuro;

38 - Carteira de dividendos nossa que viagem...

39 - Pega ladrão!!!

40 - Bizarro, trocaram até nome mas o resultado nunca veio;

41 - Ações sem liquidez fique longe dessa arapuca;

42 - É hora de vender;

43 - Bonificação, nada aconteceu...

44 - Querem sair bem na foto!

45 - O que são fundamentos?

46 - E o IBOVESPA ?

47 - O Lucro caiu e agora?

48 - A linguagem dos negócios.

49 - Socorro!!! Para qual direção olhar e qual caminho a seguir?

50 - Reflexão.

-1-
Introdução

O Guia de sobrevivência, um bote salva-vidas e uma bussola na bolsa de valores, ao contrário de diversas obras publicadas não tem o objetivo de fornecer uma fórmula secreta do enriquecimento, até mesmo porque se fosse secreta não deveria ser revelada em um livro e o valor seria incalculável ao ponto de não ser cogitada a ideia de vender uma vez que o detentor de tal tesouro utilizaria em benefício próprio, faz sentido? (*Eis aqui uma lição*)

De fato não existe um segredo ou uma forma certa de investir por intermédio segunda das convicções dos analistas, comentaristas com notas publicadas em revistas ou em jornais. (*Verdade pra vida*)

Todos os dias diversas pessoas entram na bolsa de valores sob uma aura de deslumbre, um ufanismo tolo pelo fato de realizar operações no mercado financeiro através do "HOME BROKE" e pregão após pregão de uma forma frenética mensagens no grupo da família, dos amigos sobre os feitos homéricos entre um intervalo e outro. (*Isso não interessa a ninguém*)

E a história se repete, e a maioria das operações foram originadas por uma causa primeira, um "*big bang*" e a explosão da euforia, ou melhor, uma "*big news*" e o estouro da manada ensandecida rumo ao precipício seguindo as pegadas deixadas por mais uma dica do dia, da semana, do mês, do ano...sempre uma desculpa. (*Pense bem, seguir dicas lhe dão alguma vantagem*)

Na contramão do que é vendido e visto em livros sobre investimentos o principal objetivo desta singela obra é transmitir conhecimentos para gerar o discernimento necessário para manter os investidores longe de problemas, pois é importante ter a capacidade de identificar eminente perigo para os recursos(dinheiro) na escolha de uma ação(empresa). (*Isso não é futurologia e sim fatos*)

Pode ser que o conhecimento aqui transmitido não seja glamoroso, mas é a realidade, é a direção necessária para pavimentar um caminho que o conduza a um futuro tranquilo, e esse deveria ser o objetivo de todo investidor, a partir do momento que o sossego foi perdido podemos de forma convicta entender a falta de sentido em investir. (O bom investimento não usurpa a paz)

Podemos pensar em diversas interpretações alegóricas para representar quão significante é o potencial dos benefícios em se afastar da ilusão ao buscar conhecimento, o principio básico para manter o seu dinheiro à salvo, fora da mira das especulações, longe das jogatinas e consequentemente do sonho ao pó, da alucinação à ressaca.

Desta forma temos o Guia de sobrevivência que o conduzirá no rumo seguro, o bote salva-vidas que será onde poderá buscar apoio em bases sólidas e assim não sucumbir as corredeiras, ou no oceano do engano e a bussola que o manterá na direção onde almeja chegar.

Para escrever essa obra foi necessário passar por diversas experiências bem doloridas, e estas serviram de aprendizado... sinceramente, gostaria de ter encontrado no meu começo como investidor em ações um livro que de forma simples, fustigasse discernimento sobre o que é razoável, sobre o que é sensato e o que faz sentido, e consequentemente teria poupado dinheiro e não desperdiçaria o bem mais precioso que nos foi concedido em outras palavras o nosso tempo.

-2-

A utopia do bom Samaritano

Os investimentos são vistos por parte da população como uma alquimia, cercada de mistério e misticismo.

E as pessoas de um modo geral procuram por um profeta dos investimentos, um místico que lhe provará todos os segredos da roda da fortuna.

Pois bem, tenha muita cautela sobre questões que são relacionadas ao destino do seu dinheiro. Dinheiro este que você teve que trabalhar arduamente de sol à sol e muitas vezes teve que abdicar de muitos prazeres imediatos para poupá-lo.

Vale para a vida assim como também vale para o mundo dos investimentos, bons samaritanos não existem.

Cuidado com aquela dica semanal que se apresenta por intermédio de jornais, revistas, propagandas na internet e comerciais televisivos ou uma ligação inesperada do gerente do seu banco. Em sua grande parte querem apenas vender produtos financeiros junto com a fantasia de enriquecimento espontâneo e exponencial.

No fim das contas você deve assumir as rédeas das suas finanças e se algo sair fora do planejado, será o seu capital que será castigado.

Tenha em mente a seguinte ideia:

a- "Dinheiro não aceita desaforo."

b- "Idiota e dinheiro não ficam juntos."

Podemos concluir que:

- Você é responsável por suas escolhas e no final terá que fazer a colheita mediante as suas atitudes que semearam o bônus ou o ônus;

- Não terceirize o trabalho de ao menos saber no que está colocando o seu dinheiro;

- Você é o seu melhor conselheiro e por essa razão procure embasamento para as suas decisões portanto procure por conhecimento;

- Pra alguém vencer alguém tem que perder se afaste da jogatina na bolsa de valores;

-3-
Ouro de Tolo

Um chacoalhão, não existe almoço grátis. Existe uma ideia errada sobre a distribuição dos proventos. Os recursos distribuídos pelas pagadoras proventos são descontados no valor da ação, pois esses valores saem do caixa da empresa e consequente reduz o patrimônio da empresa.

O ideal seria a empresa investir o lucro no próprio negócio pois a capacidade de alocar capital e gerar melhor resultado ao acionista é maior que uma pessoa física investindo.

Os proventos são aceitáveis pois em dado momento as empresas não tem para onde crescer e devolvem para os acionistas em dividendos.

Empresas grandes pagadoras de dividendos não é garantia de ativo perene. Esse é o canto da sereia na bolsa para os navegantes desavisados, pois para o investidor de longo prazo o que importa são ações de companhias sólidas.

Caso OI S/A(Ticker OIBR3, OIBR4) empresa do ramo de telefonia foi uma pagadora de dividendos por um tempo, mas quando a maré baixou a realidade veio à tona e o mercado descobriu que o rei estava nu...

E assim como a foça da gravidade, os fatos mostraram que se tratava de um péssimo investimento, uma empresa má administrada, com uma dúvida galopante e rolos com corrupção.

Em contrapartida podemos a titulo de exemplificação a APPLE e BERK SHIRE HATHWAY empresas que não tem tradição no que tange a distribuição de dividendos, com certeza os acionistas destas empresas estão em melhor condição que os acionistas da OI S/A.

-4-
A cova dos Otários

Conforta mais se lamentar em grupo que amargar sozinho os próprios erros.

O problema é que para evoluir devemos aceitar as consequências das nossas escolhas.

Errado é procurar por grupo de discussões para chancelar erros cometidos ao fazer mal investimentos.

Um desperdício de tempo é frequentar fóruns de voltados a investimentos em ações com um grupo onde todos fomentam a auto enganação em busca de desculpas pela má escolha, enquanto a atitude mais rentável seria aceitar que errou e abandonar a posição alocada.

Conselho:

- Se afaste de grupinhos, fóruns ou qualquer outro meio que possa influenciar nas sua decisões pense por si mesmo e tenha certeza que não é preciso a aprovação de terceiros para tomada de decisões, veja os grandes investidores homens e mulheres bem sucedidos será que fazem o que todo mundo faz?

-5-
Deslumbrado na Ilha da Fantasia

Não há glamour no mercado de ações, a bolsa de valores é um meio onde indivíduos efetuam transações de compra, venda e aluguel de papéis.

As pessoas tem uma visão romântica do mercado de ações, isso se deve as obras de ficção como livros, filmes ou até mesmo publicações em revistas que descobriram um guru (até que este cometa uma falha a tão logo que o um novo dia chegue surge um novo guru).

Também não há nada de sofisticado em falar de jargões, métodos, siglas e etc...essas coisas existem para tomar o seu dinheiro é perca de tempo

O problema do investidor deslumbrado é não possuir controle de risco, quando a bolsa está em alta a euforia generalizada induz a aportes sem que seja levado em consideração os fundamentos econômicos da empresa.

-6-
Em busca do pote de ouro no fim do arco íris

Pela busca da grande oportunidade os cegos pela convicção caminham em direção do abismo.

A fantasia de encontrar um diamante não polido perdido na bolsa de valores, ingenuidade acreditar que você é mais esperto que o mercado inteiro...mas esperto que as grandes cooperações, grandes investidores bilionários, fundos de pensão e etc...

Sem critérios eficientes para seleção de uma empresa na bolsa de valores fatalmente as chances estarão postas contra você, dessa maneira no final do dia, ou seja, antes do pregão encerrar a sua carteira será contemplada com alguma dessas promessas(lhe deram um bilhete premiado).

Olhando para o passado vem à tona uma empresa que foi alvo de muita discussão nos fóruns cujo o ticker na bolsa de valores é AGEN11(código de negociação da Agrenco).

A referida empresa cujo o business voltado para agronegócio teve os papéis bloqueados na bolsa de valores por um ano devido a falta de publicação de balanços na CVM(Comissão de valores mobiliários), e a consequência foi bloqueio do capital investido por um período de um ano, sendo assim não podiam comprar e nem vender os papéis no fim da história seria melhor ter aplicado o dinheiro na caderneta de poupança ao invés de aplicá-lo em um mar de problemas.

Isso sim é uma genuína máquina de triturar dinheiro!

E se uma empresa não consegue cumprir uma regra básica do "jogo", qual benefício lhe proporcionará no futuro, qual segurança espera obter, acredita que terá algum progresso com uma empresa deste perfil?

Só procurando mesmo um pote de ouro no fim do arco-íris!

-7-
Digas com quem tu andas e lhe direi quem tu és

Se afaste da massa dos perdedores, você não tem nada a ganhar nesse meio, não precisa buscar aprovação dos outros sobre suas escolhas, não precisa da chancela deles.

Para se tornar um vencedor é preciso estudo e principalmente muito trabalho(é a fonte da fortuna).

A maioria das pessoas pensam em formas mirabolantes de enriquecer sem esforço, sem trabalho isso é uma utopia e você deve se afastar deste ciclo social pois não terá progressos nesse meio. Logo estará com mesmo os pensamentos e atitudes, pior ainda, estará disseminado essas tolices ao repetir por aí ideias falidas para os colegas de trabalho, amigos e familiares, pense bem no mal que isso pode gerar...uma legião de deslumbrados entrando na bolsa de valores e na sequência uma legião de desiludidos sendo expulsos da bolsa de valores, e essas pessoas geralmente não voltam a operar pois fica um sentimento que a bolsa é um cassino.

Nesse mercado a maioria perde por falta de conhecimento, por excesso de confiança por achar que é mais esperto que os outros.

Fica a dica:

Quando se achar o mais esperto que os outros pensa que você pode ser o otário da vez.

-8-
Pequeno investidor o que ninguém lhe conta?

- Preço não importa e sim valor que faz diferença, investir em boas empresas pelo máximo de tempo enquanto for uma boa empresa para os minoritários. O preço importa pra quem vai aportar milhões;

- Bons resultados no passado não é garantia de lucro futuro e por essa razão é importante consultar fontes oficiais de informação sobre a empresa;

- Sócio legítimo é aquele tem possui ações ordinárias, pois nesse caso o investidor tem a mesma ação que o controlador da empresa, qualquer variante que consista em ações preferências, Unit e etc...requer atenção devido ao risco atrelado à natureza do negócio;

- Você não vai ter renda grande com pouco dinheiro;

- Em um IPO você não encontrará uma pechincha;

- Quando a bolsa está em alta até uma empresa ruim parece ser um bom investimento;

- Quando a informação chega no mercado ou está errada ou atrasada;

- Sócio é ON (ações ordinárias) o resto e subterfujo, é uma maneira de lhe vender um ativo qualquer. Com ação ON o acionista minoritário tem o mesmo voto do majoritário;

- Não se iluda quem manda na empresa é o majoritário;

- Se analista fosse capaz de acertar pontos de entrada e saída, acertar fundo e alta, cobraria o peso dele em ouro e não trabalharia em jornais ou sites escrevendo notas sobre o tema, na verdade utilizaria essa habilidade para benefício próprio e ficaria milionário;

- Bolsa é feita para remunerar capital e não para a classe média viver da mesma;

- Comprar fracionário e comprar um lote não faz diferença no final do dia você comprou um pedaço da empresa;

- Todo acionista minoritário deveria observar a liquidez do papel nos pregões da bolsa de valores;

- Bolsa é renda variável e renda variável varia pra cima e varia pra baixo;

- Se você compra empresa pra ser sócio o preço é o que menos importa. Quanto mais você olhar o preço menores serão as suas chances e o que interessa para o sócio é capital investido em valor;

- A grande cacetada na bolsa é uma fantasia.;

- Prejuízos não diminui com a mesma atitude que gerou o prejuízo. Recuperar prejuízo da mais prejuízo;

- O dia em que você souber sobre as reais atividades de um bilionário na bolsa de valores é que ele ficou pobre. As vezes quando saem notícias de um desses figurões está encarteirando determinado papel, pode ser a ponta de uma operação gigantesca e se for verdade, porque no final das contas ninguém sabe o que esses caras fazem. Tentar segui-los levará a mais perdas;

- Aceitar que você errou é o caminho para mitigar ou até mesmo te livrar de prejuízos maiores. (Prejuízo pouco é lucro);

- Quanto mais você operar na bolsa de valores, a única certeza é que o seu custo vai subir;

- No longo prazo o preço pago numa ação é diluído e tende a zero conforme uma empresa cresce e vai distribuindo dividendos;

- O que vai te enriquecer ao longo do tempo é deixar o dinheiro parado em um bom investimento por anos e anos com essa decisão se beneficiar "da mágica" dos juros compostos, não lhe dão essa dica porque para o sistema não é interessante(como os analistas, governos e intermediários vão ganhar dinheiro?);

- A maioria faz parte da manada e isso também inclui os jornalistas, analistas e comentaristas, se você deixar de segui-los aumenta as chances das possibilidades estarem ao seu favor no longo prazo;

- Se afastar da manada não é garantia de vitória, mas fazer parte dela é garantia que uma hora você vai perder, e o problema da manada que é muito caro quando está no caminho errado;

- Rentabilidade não é o objetivo do pequeno investidor e sim a geração de renda e por essa razão o capital tem que estar alocado em valor;

-9-
O voo da galinha

Empresas ruins são empresas ruins, os números são reflexo da realidade e ponto!

Normalmente as pessoas se enganam com empresas que deram prejuízos por anos e em determinado trimestre reportam o tão esperado lucro e a esperança da grande virada vem à tona, mas isso não significa que a empresa tornou um bom investimento, existe um contexto a ser observado seja por meio macro econômico, ramo de atividade ou objetivamente análises do balanços para determinar o valor intrínseco.

-10-
Tudo no seu devido lugar

Sempre que comprar uma ação, você passa a ter uma fração da empresa e essa parte compõem o seu patrimônio.

Mas isso não lhe dá o direito que participar do conselho administrativo da empresa, assim como influenciar nas decisões estratégicas da empresa.

Existem situações causadas por um histerismo coletivo promovidos por jornais, revistas e diversas mídias quando uma empresa resolve fechar o capital (OPA), não adianta fazer passeata em frente à CVM(Comissão de Valores Mobiliários), reclamar do controlador, se enveredar por esse caminho pode ter certeza que estará desperdiçando o seu tempo e consequentemente deixando de ganhar dinheiro, deixando de estudar para se desenvolver e se tornar um profissional melhor ou até mesmo passar mais tempo com a sua família. De verdade não compensa o tempo perdido com essas inutilidades, se envolver com essas questões não vai melhorar a sua condição.

Cabe o minoritário ser minoritário e deixar o majoritário fazer o trabalho que lhe compete.

-11-
A pergunta certa

Uma pergunta que você nunca deve fazer e uma resposta que nunca deve dar.

Aonde invisto o meu dinheiro?

Normalmente as pessoas terceirizam as responsabilidades de um modo geral na vida e não é diferente no universo dos investimentos.

Se antes já fez essa pergunta não faça mais, se deu conselhos a respeito de investimentos não dê mais...(Regra pra vida e vai lhe poupar de muitos dissabores)

A pessoa que dá o conselho pode até ser bem intencionado, mas no fim do dia não poderá um ser responsabilizado pelo seu dinheiro e por essa razão ninguém deveria pedir dicas sobre investimentos.

Tem os casos de dicas informais aquelas que pedimos à colegas de trabalho, grupo de amigos e parentes mas também as dicas quentes que as pessoas vão procurar com profissionais como analistas, gerentes de bancos, mas o problema é que esses profissionais representam o interesse das instituições para qual trabalham, portanto logo vão oferecer os produtos que são interessantes para os seus empregadores que não é exatamente bom para você, é evidente que essas pessoas tem metas e sofrem pressão para atingi-las.

Mas enfim, qual é a pergunta certa que devo fazer para

identificar boas empresas e à partir de informações fazer investimentos ?

"Onde posso buscar informações de qualidade para possibilitar uma seleção de ações na bolsa de valores com critérios sólidos?"

O investidor de longo prazo que pensar assim, já sai na frente da manada. Geralmente a manada é orientada por dicas, notícias, analistas e não buscam critérios sólidos.

-12-
All-In

É tudo ou nada!

Uma decisão que arruína vidas e destrói famílias.

Nos anos 2000 acompanhei a popularização da bolsa de valores, com o governo veio incentivo do uso do FGTS(Fundo de Garantia do Tempo de Serviço) para aquisição de ações da Petrobrás(ticker PETR3, PETR4) e Vale do Rio Doce(ticker VALE3, VALE5) e na sequência uma enxurrada de ofertas públicas de ações, uma efervescência de notícias, propagandas sobre o tema.

A popularização do "HOME BROKER" onde com um clique é possível ser sócio de uma empresa e com outro clique pode deixar de ser sócio, uma arma de destruição em massa de capital para aqueles que não tem o mínimo de conhecimento e não fazem ideia das suas escolhas, é esse ponto que vamos abordar.

Em plena histeria houve um momento que as pessoas aportavam dinheiro desenfreadamente sem critérios sólidos, mas algo que marcou muito foi um caso onde um rapaz pegou uma indenização referente a rescisão contratual e aportou na OGX(ticker OGXP3) na esperança de ver o dinheiro aplicado se multiplicar lógico que essa decisão foi estimulada pelo volume notícias. Na ocasião o dinheiro tinha destinação certa para aquisição de um apartamento, pois o rapaz morava de aluguel com o Pai que se encontrava com problemas de saúde. O desfecho não foi nada bom porque ação praticamente virou pó.

Um investimento não pode ser fator determinante para a sua vitória ou sua derrota, diversifique e desta forma estará colocando as chances a seu favor, não tente o giro de 180 graus numa cartada só!!!

-13-
O Simples é bom

Nada como a simplicidade em diversos aspectos, podemos constatar sobre os investimentos em ações em fóruns, noticiários na mídia em geral um vocabulário requintado, chega a ser sedutor, mas na verdade é um besteirol que não leva a lugar nenhum.

Em torno da complexidade sempre há um motivo para justificar a necessidade de pagar por um método revolucionário que vai torná-lo rico quase instantaneamente, mas na verdade não tem nada a ver com enriquecimento ao menos com o seu, mas enquanto existir pessoas dispostas a pagar os agentes do sistema estarão felizes com as taxas, comissões e corretagens.

Pare imediatamente a buscar por métodos, cursos milagrosos capazes de gerar milionários da bolsa, fórmulas matemáticas e estatísticas, além de consumir o seu tempo vão levar o seu dinheiro.

Lembre-se que existe toda uma rede, um sistema que vive do seu dinheiro, e se falarem para deixar o dinheiro repousando em um investimento seria decretar a quebra dos veículos de venda de métodos, cursos, assessorias, consultorias, produtos bancários e tantos outros.

Então tenha em mente, quanto mais objetivo, mais claro, mais simples será melhor para o pequeno investidor.

-14-
Que girem as rodas da fortuna

Porque será que a maioria não atinge os objetivos financeiros na bolsa de valores?

As pessoas desejam uma vida confortável, tranquilidade financeira, viagens, educação dos filhos e tantas outras coisas boas, mas esse ensejo leva à busca de um atalho e a cada ano, cada semestre, cada trimestre, cada bimestre, cada mês, cada semana e cada dia uma estratégia de investimento diferente é sugerida pelos veículos do sistema, seja por meio de propagandas, noticiários há sempre uma sugestão de uma nova composição de carteira e por aí vai:

- Carteira agressiva;
- Carteira moderada,
- Carteira da semanal;
- Carteira de dividendos;
- Carteira defensiva;
- Carteira do mês X;

E isso vem acompanhado com as notícias de novas oportunidades ou notícias ruins e portanto estratégia ou método adotados devem ser revistos e isso reflete diariamente em novas sugestões para justificar o giro(compra e venda de papéis na bolsa de valores). No fim do dia a certeza é cristalina os agentes do sistema vão ganhar, ou seja, as corretoras, consultores, analistas e o governo vão estar felizes pois vão embolsa o seu dinheiro seja por taxas, emolumentos, impostos e etc...

Para muitos investidores na bolsa de valores é muito difícil escapar desta armadilha, porque somos o tempo todo bombardeados com esses materiais e vamos reconhecer que o trabalho feito no marketing, as peças publicitárias é muito forte, o sistema é poderoso e quer sobreviver.

Está aí uma questão, porque não preparar as pessoas afim de ajudar atingir os objetivos ?

A resposta, é a seguinte:

É mais rentável incentivar o giro, pois um monte de gente vive disso e caso contrário o sistema entraria em colapso.

Em termos práticos pensar na seguinte operação hipotética:

"Vamos utilizar uma importância em dinheiro(moeda corrente) e comprar dólares e na sequencia efetuar venda total dos dólares."

Considerando que todas as operações ocorreram em uma corretora qualquer.

já nessa primeira rodada você ficou com menos dinheiro(moeda corrente) porque teve que pagar o intermediário que nesse caso é a corretora.

E se processo de compra e venda for repetido diversas vezes o seu dinheiro(moeda corrente) tende à zero.

O exemplo é simples pois se trata de compra e venda de moedas e não há muito que divagar, todavia o mercado de ações é um universo onde existem múltiplos cenários para o incauto encontrar desculpas para avaliar um giro rápido de investimentos e logo o dinheiro vai desaparecer na velocidade da luz.

-15-
Agora vai ser diferente (MILK, AGEN, OGX, ECODISIEL)

Esperança excessiva e a negação da realidade, as pessoas gostam de se enganar e compram micos e aguardam por uma reviravolta.

Reviravoltas raramente acontecem, a realidade dos resultados é soberana, evidentemente que "turn arround" é possível mas não é tão simples identificar empresas em tal condição para um aporte.

Devemos deixar de fora das nossas opções de investimentos empresas com péssimo desempenho, sem fundamentos sólidos ou com algum "rolo" aparente de modo a não oferecer perspectivas reais de progresso ao longo prazo.

Para elucidar o raciocínio desenvolvido podemos pensar na MILK11 (Leap Investments) muito discutida em fóruns na época dona de empresas como a Daslu e Parmalat marcas conhecidas mas não significa garantia de retorno para o acionista minoritário no longo prazo. A referida empresa colecionou dezenas de processos até o cancelamento de seu registro na CVM em 2017.

Também temos a Agrenco AGEN11 foi muito comentada nos fóruns, empresa passou por maus lençóis e a esperança nos fóruns era da Gleencore adquirir a empresa, essa aquisição nunca aconteceu e os investidores perderam...

-16-
Além do fundo do poço

Na bolsa de valores você sempre pode perder mais o seu dinheiro, tenha fixa essa ideia!

Existem empresas com resultados ano após ano que provam não ser uma boa escolha de longo prazo. A ideia de afirmar sobre o fato da cotação de determinada empresa estar tão baixa e por essa razão não é possível perder se trata de um equívoco.

Ao comprar uma ação pelo argumento da impossibilidade de queda na cotação, pois o valor é baixo demais para cair é um equívoco.

A empresa pode fazer agrupamento de ações e o preço da cotação pode cair mais ainda.

-17-
Preço médio, importa?

Muita discussão sobre algo que não representa nada, o preço médio deve ser considerado no momento da elaboração do imposto de renda.

As pessoas fazem confusão acerca deste tema, normalmente quando o preço da ação cai correm para fazer compras para diluir o prejuízo.

A OIBR(ticker OIBR3, OIBR4) vinha de uma sucessão de quedas e os investidores fazendo preço médio, na época havia investido uma importância considerável e no final o preço pago nas ações era uma fração.

O mesmo ocorreu com a OGX(ticker OGXP3), a medida que os resultados frustravam as expectativas o preço das ações despencavam dia pregão após pregão a empresa foi de 100,00 à 18,00 e depois caiu mais ainda, pensem em quanto dinheiro foi jogado fora...

Então se o preço médio faz parte de sua estratégia ou se está considerando pôr em prática abandone esse pensamento (será mais rentável).

-18-
A minoria se dá bem

É uma verdade absoluta o fato do mundo dos investimentos onde as pessoas acabam mais na sarjeta, infelizmente a maioria perde na bolsa.

O problema está no "mindset" (modelo mental) pois as pessoas foram preparadas a vida toda para sustentar o sistema. Ao menos faça a seguinte pergunta:

"Se você fala o que todo mundo fala, se você pensa o que todo mundo pensa, faz as mesmas coisas que todo mundo faz, porque você teria um resultado melhor se comparar com a maioria perdedora?"

Não é difícil enxergar qual será o seu futuro se continuar assim.

Também não se engane, você não vai operar como Warren Buffet, Luiz Barsi ou Lírio Parissoto...eles são gênios nesse segmento e nós pequenos investidores não temos os mesmos acesso que eles têm, esses homens vão nas empresas conservam diretamente com o presidente, com o conselho executivo compram 60% da companhia e mandam em tudo, esses homens realmente tem muito dinheiro, tem um "back office" voltado para esses fins (bem diferente do analista da sua corretora ou gerente da sua conta, pois esses trabalham na verdade para as corporações que pagam o salário deles).

Podemos aprender com eles, mas muito que dizem por aí é lenda não temos como saber o fazem na realidade.

Para não amargar prejuízos não perca tempo em tentar descobrir o segredo de como esses caras operam

Conclusão para ser vitorioso no mundo dos investimentos em ações e não fazer parte do grupo dos perdedores(esses são a maioria) apenas mantenha o foco nas coisas da sua alçada, com essa atitude fará menos besteiras e consequentemente mais patrimônio.

-19-
Crise faz sentido?

De tempos em tempos uma bolha estoura e o pânico é generalizado e quando problemas ocorrem as pessoas tendem a fazer besteiras.

Como sempre veículos de mídia potencializam o fomento da histeria a consequência é o prejuízo.

A crise é relativa, empresas medíocres usam como subterfujo para justificar os resultados péssimos mas empresas boas continuam gerando dinheiro para os acionistas.

Para exemplificar temos a EZTEC(ticker EZTC3 - empresa do ramo de construção civil) o setor de empreendimentos imobiliários é complicado mas essa empresa ano após ano entrega bons resultados para os acionistas independente da conjuntura econômica, portanto essa empresa tem um diferencial competitivo frente aos concorrentes.

Em referência à EZTEC(ticker EZTC3), Podemos afirmar que a crise atinge a todos?

-20-
Resolver agir quando a onda já chegou

Esteja preparado para enfrentar o caos trazidos pelas ondas da volatilidade as pessoas entram em pânico quando tudo parece não ter mais solução, pense que o mercado de ações passou por crashes antes e provavelmente no futuro passará por outros, nessas ocasiões a diferença está na qualidade dos ativos.

Para não naufragar tenha preparado um bote salva-vidas no caso é a diversificação. O perigo de não diversificar e ter posições concentrada em poucos ativos é de não suportar a queda e vender tudo no fundo.

Em 2008 quando estourou a crise do "sub prime" o mundo todo viu as bolsas despencarem e não foi diferente aqui no Brasil, excelentes empresas com vantagem competitiva tiveram o preço da ação derrubado

Dentre essas empresas temos como exemplo a BMF (ticker BVMF3 - não vamos entrar no mérito de IPO recente naquela época) no auge da histeria o preço dos papéis atingiu a casa dos 3,00 reais, quem vendeu no desespero não avaliou a saúde financeira da companhia e o seu potencial no seu respetivo ramo de atividade (anos depois as ações chegaram ao patamar dos 50,00 reais).

Na época quem se preparou, buscou conhecimento e diversificou em valor provavelmente tomou decisões sensatas nos investimentos, pois fica evidenciado que a mente do ser humano não suporta a pressão nas fortes quedas e a melhor maneira de combater o problema é o preparo antecipado. A procrastinação combinada com reação no exato momento da crise traz prejuízos não só financeiro mas destrói famílias e vidas.

-21-
Tudo é uma desculpa

A vida toda nos prepararam para sustentar o sistema, ou seja, preparados para perder, e sempre vão arrumar uma forma de tirar dinheiro.

Essa atmosfera está repleta de elementos que o conduzira comprar na alta e vender na baixa, desta forma não lhe trará progressos e consequentemente o patrimônio acumulado pode nem se quer existir no futuro ou ser insuficiente para propor tranquilidade financeira.

Infelizmente a maioria tem um modelo mental formatado para ser igual a maioria, ou seja, ser escravo do sistema, é difícil soltar dessa teia e conquistar a liberdade financeira.

E a auto enganação é um mecanismo muito utilizado, as pessoas arrumam desculpas para continuar nessa espiral dos perdedores.

As pessoas fazem uso de notícias para validar a própria enganação, é coisa de maluco mesmo, pois se olhar para a história recente em 2008 quando estourou a crise os analistas recomendavam vender tudo na bolsa e migrar para renda fica nos anos seguintes no período pré-impeachment a mesma coisa pois a taxa SELIC estava nas alturas, sempre uma desculpa para se enganar, na época desses eventos as boas empresas continuaram sendo bons investimentos.

O problema o mercado estava míope, quem estava preparado se beneficiou do ciclo de baixa e comprou (minoria da minoria).

Não é preciso ser um gênio, mas se você montar um plano, se afastar das ameaças que podem desviar do seu plano original já é um diferencial frente a maioria perdedora.

Mas as pessoas se enganam ir atrás de notícias, olhar balanços trimestrais, seguir dicas de analistas, tudo que você for buscar para ler vai servir de muleta para as suas decisões.

-22-
E você acha que vai dar certo?

Anos de prejuízo, descontrole da dívida, sem receita...E vem à toma um pergunta, você seria sócio de uma padaria que só dá prejuízo?

Não dá para entender porque alguém compra ações de uma empresa na bolsa de valores com péssimos fundamentos ou ausência de fundamento para sustentar uma aquisição.

Existem casos de pessoas cometerem erros bizarros ao colocar em risco o patrimônio ao aplicar quantias significativas em empresas pré-operacionais (entidades/negócios na fase de desenvolvimento das atividades empresariais). E o problema não é ter na carteira de ações empresas com essa característica mas sim o quanto é destinado para investir, nesses casos é importante ter o controle de risco e alocar um pequeno percentual.

Do meio para o final da primeira década dos anos 2000 foi um período marcado por sucessões midiáticas de IPOs e com um brilho especial nasceu uma estrela cadente que todos passaram a conhecer o Império X. Um catálogo de "cases", uma sopa de letrinhas ou um grupo de empresas irmãs que formavam o grupo EBX.

E no fim vimos gigantes agonizantes, onde o algoz foi o resultado que não veio, receita não constituída, e o lucro que nunca veio.

-23-
Características de empresas ruins

A história se repete, sobre as empresas ruins características em comum e argumentos do mercado de ações:

- Vai mudar o portfólio de produtos;

- Vai trocar a diretoria;

- Vai trocar o presidente;

- Vai passar por um processo reestruturação (todo empresa ruim precisa reestrutura, mas fosse boa não precisaria reestruturar);

- Vai melhorar porque outra empresa vai comprar;

- Tem patrimônio líquido negativo;

- Problemas de governança;

- Inconsistência nos lucros ou anos com prejuízos;

- Endividamento desequilibrado;

- Margem de lucro decadente ano após ano;

-24-
Todo ano nasce um guru

Vivemos em uma época onde as informações são abundantes e se espalham na velocidade da luz, sem considerar a procedência das notícias verdadeiras ou falsas. As vezes verdades contadas pela metade ou as vez a negação da realidade. Mas as mídias tem o seu objetivo que é a audiência quando são canais, quando são portais querem o seu clique, então todos dias uma legião de analistas, blogueiros jornalistas ou todos esses juntos publicam as notícias, qualquer assunto sobre o mundo dos investimentos...precisam escrever algo e não deve ser uma tarefa fácil de se fazer.

Podem notar em muitos casos que os analistas do mercado de ações enaltecem empresas com péssimos fundamentos e assim exercem influência na composição da formação de um portfólio de ativos alegando que existe um valor competitivo implícito que ninguém no mercado não percebeu até o momento (existe incauto pra esse tipo de conteúdo). É muito difícil encontrar analista elogiando empresas já consolidadas que há anos geram retorno para o acionista, na verdade vão escrever algo sobre problemas com logísticas, problemas com matéria prima no exterior e assim por diante, mas todos querem dar a grande tacada igual aos filmes de Hollywood (diferente da realidade), então o negócio é ser diferente para ficar em evidência e ao menos uma vez por ano nasce um guru até...e tão logo este cometa um erro e surge um novo em seu lugar.

-25-
Vamos brincar de banco imobiliário?

O mercado de ações é um meio por onde podemos nos tornar sócios das grandes companhias.

Os investimentos devemos tratar com seriedade pois se trata do nosso dinheiro, nosso patrimônio em formação cujo objetivo principal é proporcionar tranquilidade financeira e consequentemente qualidade de vida no futuro.
Evidentemente não podemos depositar nossos sentimentos, quando a bolsa cai aí vem o pânico, frustração, tristeza, raiva e etc.., e quando a mesma bolsa está em um viés de alta parece que vai subir para sempre e a consequência é causar nas pessoas sentimentos alegria, contentamento, satisfação, entusiasmo e euforia como um cassino. Não existe problema nenhum em se divertir no cassino ou brincar de banco imobiliário com amigos e família inclusive é bem saudável e os investimentos servem para proporcionar momentos como esses.

Misturar investimento com sentimento não é uma boa combinação, pois quando a bolsa cai a tendência é vender na baixa, quando a bolsa sobe as pessoas dobram a aposta mas a maioria não está preparada para a volatilidade e períodos de baixa e alta são cíclicos.

Ao invés de buscar informação com integridade a maioria perdedora fica em frente do computador no home broker como se fosse um jogo de banco imobiliário eletrônico, mas não deveriam e o mal que isso faz é incalculável, o livre arbítrio do clique para vender ou comprar traz consequências quando falta embasamento. Não se trata de um jogo e sim da realidade e do futuro seu e de sua família.

No fim das contas é o seu dinheiro colocado em jogo, pense como o conquistou e logo vai lembrar que foi às custas de sangue, suor e lágrimas.

-26-
Quem verdadeiramente te atrapalha?

Sobre sua situação atual, é preciso reconhecer o responsável.

É preciso reconhecer que são as nossas atitudes, nossas escolhas, como reagimos, como agimos aos problemas e como nos preparamos para enfrentar as dificuldades é o que define o nosso destino.

Podemos escolher nos iludir, buscar por facilidades onde não existem, ser orientado por notícias, entrar em sistemas de pirâmide, acreditar em gurus ao ponto de segui-los ou comprar métodos que prometem enriquecimento instantâneo e sem esforço. Aparentemente oferecem as vantagens mais maravilhosas do mundo e como você foi o escolhido vai funcionar. E no final a história se repete, nada acontece e tão logo a desilusão surge como o raia do sol chega no mercado uma nova maneira de tirar dinheiro se torna uma nova moda.

Quer ser vitorioso, não participe de fóruns, não busque notícias que justifiquem porque o preço da ação caiu ou porque subiu, não vá atrás de dicas, não peça conselhos sobre o que fazer com o seu dinheiro e para de olhar cotação dos papéis da bolsa de valores e muito importante procure se preparar para suportar as oscilações do mercado de ações (Porque essas são garantidas e vão ocorrer).

Não é difícil enxergar que se trata de enganação, desconfie quando for um negócio muito vantajoso e se te falarem que é garantido seja mais cauteloso, porque talvez estão sendo desonestos com você pois nada é garantido.

No final das contas você decide se compra, se vende ou se vai refletor sobre as recomendam antes de verdadeiramente vai honestamente.

-27-
Estatais

Antes de comprar uma ação é recomendável uma avaliação prévia, não precisa ser uma análise profunda mas existem questões como ao menos saber qual é o setor, até mesmo se tiver informação disponível comparar as margens entre empresas concorrentes não são muitas as variáveis, em todo o caso é importante verificar quem é o majoritário pois esse dado pode ser determinante para a sua escolha. E isso pode te afastar de problemas futuros com governança.

No momento da compra de uma empresa estatal é necessário avaliar o majoritário no seu critério de seleção, pois considere que de tempos em tempos o governo muda e com as mudanças muitos quadros executivos dentro dessas companhias são alterados e na maioria das vezes não é o fator técnico que motiva tais alterações. Dentre as razões para as mudanças podemos citar fatores políticos, ideológicos e até mesmo por conveniência. E sobre essa situação você precisa estar ciente, como conhecimento técnico não é exigido logo a gestão do negócio tende ter a qualidade da gestão comprometida.

Outro ponto é o lucro dessas empresas, por se tratar de estatais muitos governos não visam ao lucro e sim atender as demandas pontuais da sociedade essas companhias funcionam como instrumentos de controles de preços, facilitadores de políticas públicas e etc...

Esse tópico aqui não visa proibir investimentos em empresas estatais mas é necessário considerar alterações podem ocorrer e por fim influenciar nos resultados da companhia.

Avaliação de governança deve ser feita em todas as empresas com objetivo de auxiliar na posterior seleção destinada à sua carteira, pois para o acionista minoritário o importante sempre será o lucro e qualquer alteração que possa prejudicar os resultados deve ser evitada.

No final você sempre deve zelar pelo seu dinheiro, convicções ideológicas devem estar apartadas das suas decisões financeiras pois isso pode drenar todo o seu dinheiro. Dinheiro, paixão, crenças e preconceitos não se misturam, não é uma boa combinação.

-28-
O melhor produto do mundo

Não confunda boas empresas na bolsa de valores para ser sócio com outras que são detentoras de produtos famosos, reconhecidos pela excelente qualidade, renomados ou até mesmo aqueles que trazem boas recordações...podemos fazer aqui diversas citações das características que são capazes de conduzir as nossas escolhas de forma errônea no momento de compor uma carteira de ações.

O fato do produto ser referência no segmento de atuação, se é luxuoso, se existe há um bom tempo no mercado e te traz lembranças de que quando você era criança(jamais pode ser um critério de escolha) não significa que é bom para o acionista minoritário.

Para os acionistas minoritários só interessam duas coisas nesse contexto e é esperado que as empresas entreguem:

1-) Lucro;

2-) Crescimento;

Qualquer resultado onde não está contemplado lucro ou crescimento da empresa selecionada para compor a carteira de ações, entendemos que no longo prazo não existem possibilidades do acionista minoritário obter progresso e consequentemente o seu patrimônio não crescerá ao longo do tempo.

E se ação escolhida não proporciona vantagem ao longo do tempo não faz sentido possuir um ativo com essas características, ao longo do tempo vai consumir o seu capital até não sobrar mais nada do seu dinheiro.

O antídoto é não levar em consideração essas características, pois não são critérios sólidos e ao adotá-los em uma decisão de compra pode colocar o seu capital em risco.

Quando se deparar numa situação onde o que lhe chamou atenção para uma possível aquisição foram características como essas citadas neste tópico, faça a você mesmo seguinte pergunta:

"Essa empresa dá lucro?"

Após essa indagação faça as suas constatações e a sua decisão estará respaldada e certamente essa pergunta vai lhe ajudar a poupar muito dinheiro (uma pergunta econômica) e vai garantir boas noites de sono também.

Podemos até afirmar, se todo o investidor passar a fazer essa simples pergunta, muitos não seriam expulsos da bolsa de valores, porque a de medida insensata à medida insensata uma hora o dinheiro acaba por isso consideramos a pergunta mais econômica na bolsa de valores: "Da Lucro?".

É algo bem simples e até mesmo óbvio, mas será que todos ao menos se perguntam?

Lógico que existem outras variáveis para serem consideradas no momento de seleção de empresas para sua carteira de ações, mas ao se questionar você constatar que a empresa não gera lucro, deveria imediatamente descartá-la na sua análise e procurar outra ação, afinal isso não é banco imobiliário é a realidade em jogo.

-29-
Toda dívida é ruim?

Definitivamente não podemos comparar o endividamento de empresas versus pessoas físicas. A dívida de uma pessoa física não gera valor para quem a contraiu (evidente a possibilidade de sanar uma necessidade neste ponto não há discussão), pois no final haverá um dispêndio de capital para pagar juros em algo que perdeu valor de compra ou pela depreciação.

Para exemplificar vamos pensar na situação hipotética de aquisição à prazo de determinado bem, vamos supor no mesmo dia da retirada da loja você decidiu vendê-lo provavelmente venderá a baixo do valor inicialmente pago na loja e o juros devidos serão pagos mesmo que ocorra uma redução por pagamento adiantado. Foi um exemplo extremado com objetivo de demonstrar a diferença de uma dívida de uma empresa em comparação com pessoa física, existem casos onde a motivação de uma aquisição é para trabalhar. Aqui não está em discussão se é proibido adquirir um determinado bem supérfluo ou não, pois cada pessoa tem autonomia nas decisões e a razões para justificar aquisições de qualquer bem.

Quanto as empresas não podemos considerar os mesmos critérios utilizados para avaliar dívida de pessoa física, pois em condições normais para exemplificar pensando no melhor cenário possível, uma empresa toma capital emprestado com intuito de investir em maquinário mais moderno e o resultado vai aparecer no ganho operacional com maior economia de energia, matéria-prima (redução de desperdício ou perdas) mais eficiência na produção. Também podemos pensar em desenvolvimento de uma linha nova de produtos(pode incluir a divulgação dos mesmos para mercado/público alvo), compra de terrenos, galpões logísticos, edifícios comerciais, novas instalações fabris ou até aquisição de novas empresas (para ampliar o "mark sharer", patentes, manter a posição tirando concorrentes do mercado, aumento da base operacional, "know hall" e etc...).

A diferença está na geração de valor, quanto na maioria dos casos de dívida de pessoas físicas é para atender uma necessidade pontual, empresas buscam empréstimos para se consolidar ou ampliar sua atuação no ramo de atividade e desta forma garantir bom retorno em valor ao longo do tempo para os investidores de longo prazo.

-30-
Viciado em cotação

Deseja dizimar todo o seu capital?

Se a resposta for afirmativa no caso "sim", então consulte a cotação dos papéis da bolsa de valores que compõem a sua carteira de investimentos todos os dias, de hora em hora...essa é a maneira mais eficaz para conduzi-lo a uma atitude insensata que o levará a perder muito dinheiro na bolsa de valores.

Em duas situações faz sentido acompanhar as cotações de empresas listadas na bolsa de valores e temos duas relacionadas a baixo:

- Aquisição de milhões de papeis;
- Se a operação for para realizar trade;

Acompanhar cotações não faz sentido para o investidor de longo prazo, pois ao longo tempo ocorrerão pequenas aquisições onde o efeito da variação dos preços é diluído, tenha em mente que o importante é ter capital alocado em boas empresas pelo maior tempo possível e desta forma a força dos juros compostos agirá e a consequência resultará no aumento do seu patrimônio.

Ao acompanhar as cotações periodicamente tende se transformar em um hábito e quando o mercado está no momento de baixa é um risco para o pequeno investidor pois na maioria das vezes pode não suportar turbulência e vender os papéis da bolsa de valores na baixa.

Para ser bem sucedido nos investimentos coloque as chances ao seu favor, portanto ao parar de acompanhar cotações do mercado é sinônimo de encaminhar os seus planos para o sucesso.

-31-
Toda concentração e todo monopólio são realmente bons?

Não devemos selecionar empresas pelo fato de deterem um monopólio ou alta concentração do mercado de atuação das atividades comerciais somente por essa característica. Empresas devem ser selecionadas para composição da sua carteira por serem boas companhias e no longo prazo lhe possibilitarão tranquilidade financeira ao ponto de gerar renda passiva.

Em termos de monopólio vamos utilizar para efeitos de exemplificação a PETR (papéis da Petrobrás), por ingerência governamental a empresa passou um período de perdas, escândalos de corrupção, aquisições cujo o retorno para o acionista foram nulas ou negativa além de péssimas parcerias comerciais, quem for sócio desta empresa tem que aceitar o majoritário (no caso o governo cujo qual não visa o lucro). Aqui não estamos julgando se devem ou não ser sócios de empresas do governo e sim avaliar se todo o monopólio está livre de problemas de toda a grandeza.

Setor concentrado temos o ramo de telecomunicação com a companhia do setor OIBR(ticker OIBR3, OIBR4), mesmo com poucos concorrentes, muita demanda a empresa apresentou resultados péssimos para os acionistas minoritários, com dívida descontrolada, acusações de envolvimento com corrupção e uma série de fatores que demonstram má gestão culminou numa recuperação judicial.

-32-
Só a diversificação vai te salvar

Uma variável importante para obter sucesso na composição de um patrimônio ao longo do tempo é a diversificação em valor, ao distribuir o seu capital de certa forma o protegerá de medidas insensatas diante do pânico generalizado por conta de uma forte queda na bolsa de valores.

Os períodos de quedas são inerentes à bolsa de valores e a questão não é "se vai acontecer?" e sim "quando vai acontecer?". A bolsa de valores é um instrumento (um meio) pelo qual nos é permitido nos tornar sócios das maiores empresas do país e de acordo com a nossa posição acionária, o número de ações na carteira de investimentos vai determinar a remuneração do capital dos acionistas. Existem possibilidades dos lucros das empresas oscilarem (é um acontecimento normal por diversas razões pode ocorrer), portanto não devem ser considerados surpresa os eventos como queda (fique afastado da histeria, notícias pois podem lhe causar pânico) ou altas (recomendável cautela na euforia pois você pode correr o risco de ignorar os seus critérios) na bolsa de valores.

Ao considerar essas questões podemos arquitetar uma estratégia onde os efeitos das oscilações na bolsa de valores sejam ignorados por nós pequenos investidores.

Podemos desenvolver uma pequena lista de critérios, que servirão de apoio na seleção de empresas para compor uma carteira de investimentos em ações que em momentos de forte oscilação ou longos períodos permitirá que mantenhamos a convicção nos nossos objetivos, desta forma seguem alguns parâmetros a serem considerados:

- Adquirir ações de empresas com bons fundamentos econômicos;

- Empresas que reportaram ao menos 5 anos de balanços consistentes, pois o IPO pode distorcer os balanços;

- Adquirir apenas ações ON(ordinárias), pode ser estendida para ações PN (preferências) mas tem que ter TAG Along;

- Adquirir empresas com boa governança;

- Adquirir empresas de segmentos distintos;

- Não concentrar os investimentos em uma empresa ou segmento específico, quando mais pulverizado melhor;

- Requer avaliação dobrada antes de entrar em empresas cíclicas;

- Para todos os investimentos a entrada deve ser feita aos poucos, pois se ocorrer um erro na seleção você não comprometeu o seu capital;

-33-

Comparações, comparações apenas comparações

É uma maluquice comparar bananas com laranjas e esse conceito se aplica também para o mundo dos investimentos. O pequeno investidor precisa ter clarificado que tais comparações cujo o objetivo é influenciar em decisões na realização de investimentos em empresas na bolsa de valores não o beneficiará no longo prazo, pois simplesmente não faz sentido e pelas razões erradas escolherá um papel para compor sua carteira de ações.

São comparações que o pequeno investidor não deve porque não há nexo, seguem algumas para exemplificar:

- Comparar performance de produtos da renda fixa com a valorização ou desvalorização da cotação de um determinado papel na bolsa de valores durante um período, não tem relevância essa comparação independente de onde o capital estiver alocado a sua preocupação é sempre investir em bons investimentos, outro ponto ao menos aqui no Brasil investimentos em renda fixa tem prazo para vencer e quando ocorre o resgate é descontado imposto de renda;

- Comparar performance do índice Nasdak com empresas aqui no Brasil, não faz sentido analisar um índice em uma bolsa de valores estrangeira versus ação de uma boa empresa aqui no Brasil, afinal o índice cair ou subir não é um critério sólido de apoio à decisão frente a possiblidade de um bom investimento;

- Comparar endividamento de empresas do setor elétrico versus segmentos como seguradoras ou outras entidades com características similares(essas normalmente não tem dívida). Empresas do segmento elétrico(distribuidoras, geradoras e transmissoras) tem receita garantida e por essa razão podem contrair dívida pois é comum a necessidade de fazer altos investimentos;

- Comparar margem de lucro entre setores distinto, uma empresa do ramo do varejo tem margens menores que empresas do ramo bancário por exemplo, embora não é uma indicação de compra ou venda todavia sua carteira de ações deveria ter as melhores empresas de cada segmento de atividade;

- Comparar valorização/desvalorização do Dólar ou qualquer outra moeda estrangeira versus papéis da bolsa de valores, em primeiro lugar não tem nada a ver uma coisa com a outra pois a variação das cotações podem ocorrer por diversos motivos e sempre no âmbito especulativo por conta de um possível conflito entre nações, por conta de alguma catástrofe, por conta de alguma fala de um agente político e etc... e qualquer que seja a empresa de capital aberto não vai deixar de ser um excelente investimento por essas eventos e nem se tornar uma boa opção por conta disto também. Em segundo lugar as ações da bolsa de valores são ativos reais por trás de cada papel existe uma fábrica, maquinários/equipamentos, terrenos, galpões, centros logísticos para distribuição ou escoamento de produtos, prédios ou andares em centros comerciais, estoques de produtos e matéria prima, uma marca, know-how, como podemos constatar existe uma variedades de bens por trás de uma ação já uma moeda estrangeira não é um ativo real devemos nos atentar que não tem um ativo atrelado a mesma e o preço negociado está atrelado ao que estão pagando mas não tem nenhuma propriedade para justificar o real valor.

- Comparar a taxa Selic versus ações, é um erro pois no longo prazo boas empresas dão maior retorno ao investidor e se essa afirmação é falsa então não existiriam os empresários e consequentemente ninguém produziria mais nada pois bastaria investir todo o dinheiro no tesouro direto e colher no futuro altos rendimentos;

- Comparar CDI versus ações, no longo prazo o CDI vai perder para ações;

- Comparar a performance de criptomoedas no curto prazo com o retorno das ações é loucura, não existe por traz das criptomoedas um racional econômico para justificar o valor atribuído, podemos citar os mesmos argumentos utilizados na comparação das moedas estrangeira versus as ações ao longo do tempo. É importante ressaltar que não há restrições e recomendações para as criptomoedas, renda fixa ou moeda estrangeira apenas as comparações são descabidas pelo fato de serem meios distintos de investimentos e no final o importante é ter o dinheiro investido em valor isso sim vai fazer a diferença.

-34-
Commodities muita calma nessa hora

Uma questão complexa são as empresas de commodities, estas são classificadas como cíclicas e por essa razão podem passar por um longo período de alta e o contrário historicamente acontece(fase de baixa).

E quando ocorre o "boom" (período de forte alta) tudo sobe de maneira acelerada é evidente que dentro deste viés de mercado super aquecido chama muito a atenção do investidor deslumbrado, e esse(investidor) é diariamente estimulado pelo noticiário, revistas e analistas...diante ao bombardeio midiático vai com a cede ao pote e aplica todo o dinheiro(evidente que comprará na alta) na esperança do "ALL-IN" mudar definitivamente(maneira positiva) a condição do patrimônio ao ponto de torná-lo rico.

E como ocorre nas praias há o fenômeno da maré alta e da maré baixa também, grande problema é que as commodities até de uma empresa ruim faz parecer que se trata de boa companhia quando o mercado está aquecido(muita demanda) e quando ocorre a baixa quem comprou no topo normalmente não suporta a pressão e vende tudo no fundo.

Um exemplo é a Vale do Rio Doce (Tickers Vale3 e Vale5) no início dos anos 2000 ocorreu o "boom" das commodities no mundo, tempos depois ocorreu a reversão para baixo nas cotações das commodities. O problema foi que com o "boom" a maré trouxe armadilhas como Eco diesel (Ticker ECOD3) e MMX(Ticker MMXM3), inclusive na época a MMX(algum tempos depois foi decretada a sua falência).

E na época a MMX(setor de minério), Ecodiesil(setor biodiesel), OGX(setor petrolífero) e CCX (setor carvão), em meio à euforia parecia que eram fonte da fortuna e os fatos econômicos logo vieram à tona e os resultados chancelaram a realidade e na baixa algumas faliram, outras simplesmente as ações viraram pó, em casos externos culminou em caso de polícia mas o fato é que não deram retorno significativo ao investidor de longo prazo. Muitos investidores iniciantes perderam quantias significativa de dinheiro, outros na ilusão do enriquecimento rápido venderam propriedades, quando deveriam fazer uso da parcimônia.

Evidentemente que esse tópico não tem o objetivo de desestimular a compra de determinada ação do setor de commodity e sim alertar sobre os ciclos de baixa e de alta e as armadilhas que a maré alta pode trazer.

No Brasil existem empresas de capital aberto na categoria de commodity que são consolidadas e com reconhecimento mundial em excelência, temos bons exemplos como a Vale (VALE3), Klabin(KLBN3), Suzano(SUZB3), Petrobras(PETR3, PETR4, tem que aceitar que é estatal..

o governo é o majoritário portanto sujeito a ingerência) essas são excelentes empresas. E no final das contas só as melhores sobrevivem aos períodos de retração isso até corrobora com a reflexão:

"Empresas boas podem passar por um período de baixa mas atribuir toda a culpa do fracasso nos resultados no mercado, em agentes políticos e etc...pode ser um alerta para ficar longe dessas empresas e você não deveria comprar nenhuma ação mesmo que pareça uma pechincha. Uma boa empresa, bem administrada sai mais forte de uma crise, pois enquanto estão procurando desculpas pelas falhas e erros... a boa empresa procura ajustar os processos, procura melhorar a eficiência e até mesmo comprar outras empresas e assim aumentar o patrimônio, mix de produtos, centros logísticos e etc...".

As empresa de commodities são assim, pense muito antes de comprar pois se você entrar melhor não sair, dada a característica de ser um segmento cíclico e verdadeiramente influenciado por agentes externos.

-35-
Casos da importância do Tag Along (Aracruz e Sadia)

Todo investidor de longo prazo, deve ficar atento com o Tag Along. Se trata de um mecanismo de proteção ao investidor minoritário no caso de uma eventual troca de controle acionário da empresa de capital aberto, ou seja, empresas com ações na bolsa de valores.

O mecanismo de Tag Along é proveniente da lei das S/A(Lei das Sociedades por Ações 6.404/76) e visa resguardar os direitos dos acionistas que detém ações do tipo ON (Ordinárias) sendo que para esses papéis pela lei das S/A devem no mínimo 80% de cobertura (isso significa se o majoritário vender o controle da empresa 1,00$ por ação os minoritários teriam direito equivalente à 0,80$).

De tempos em tempos naturalmente no mundo corporativo um empresa é comprada, se trata de um evento comum e ninguém na realidade sabe quando ocorrerá e qual companhia será vendida, portanto procure sempre colocar as chances ao seu favor, e a adquirir ações do tipo ON(ordinária) deve ser sempre levado em conta porque um dia uma empresa da sua carteira de investimentos pode passar por esse processo e se não houve reflexão sobre essa possibilidade isso pode acarretar em prejuízos e o seu patrimônio pode ser penalizado.

Não é proibido adquirir papéis com outro tipo de classificação como ações do tipo PN (preferenciais), units e etc...

Quanto as ações do tipo PN (preferenciais) não se apague ao fato de destacarem que o acionista tem direito de preferência no recebimento de dividendos(qual diferença faz se todos os acionistas vão receber?) e que vão pagar 10% a mais (querem mais é que você só tenha PN, porque será que oferecem esse "prêmio"?) seja cauteloso com essa escolha pois o fato não tem a mesma ação que o majoritário e um dia pode levar o seu capital a entrar pelo cano!!!

Papéis do tipo PN devem ser considerados como ativos financeiros, e se ocorrer venda do controle podem fazer o que quiserem. Por exemplo o Majoritário pode negociar as 10,00$ as ações ON dele e os papéis PN podem ser vencidos a 1,00$ na consumação de uma eventual venda e com essa analogia se torna evidente a importância de buscar proteção(mantenha no seu portfólio de ações apenas do tipo ON(ordinária)).

O investidor de longo prazo tem que sempre buscar formas de minimizar os riscos e de fato não é proibido ter ações do tipo PN (preferenciais) na carteira de investimentos desde que saiba sobre essa questão envolvendo o Tag Along. Existem empresas que em seu estatuto está prevista a extensão do Tag Along para ações do tipo PN (preferencial) dentre essas temos o Itaú (ticker ITBU4) e o Bradesco (ticker) (essas empresas tem o alto nível de governança e antes de decidir comprar ações todo investidor deveria analisar essa questão). Mas no longo prazo nada garante que futuramente o controlador retire do papel tag along.

-36-
E se depender de alguém para a empresa continuar sendo boa (Eternit AMIANTO);

Uma questão a ser observada antes de comprar determinada ação na bolsa de valores é verificar se existe de maneira explícita dependência de algum fator ou agente externo que exerça influência no resultado da empresa.

Óbvio não ser totalmente possível visualizar com certa profundidade todos as variáveis ao menos para nós(pequeno investidor) mas com relação ao que é "gritante" podemos fazer uma rápida reflexão e se perguntar que pode acontecer se determinada agente ou fator externo pode causar se alterada determinada questão?

A título de exemplo, qual seria o efeito nos resultados das empresas construtoras de imóveis aqui no Brasil se um dia eventualmente ocorrer um corte, uma restrição ou até mesmo a extinção do programa Minha casa Minha Vida, se algo nessa escala ocorrer com FGTS?

Evidente que não é vedado compra de papéis na bolsa de valores do segmento construção civil, mas também não é um dado a que pode ser totalmente ignorado. Outro ponto que pode ser útil e servir de apoio no momento da decisão de comprar uma ação na bolsa de valores é o seguinte racional:

"Com esses incentivos e mesmo assim a empresa não gera bons resultados para o acionista porque então deveria comprar essa ação?"

Essa linha de pensamento vai te livrar de muito prejuízo, se for para arriscar dessa forma(investir em empresas ruins para o investidor de longo prazo), melhor então deixar o dinheiro na caderneta de poupança ou até mesmo na conta corrente vai ser bem mais lucrativo.

Evidente que não se trata de rejeição pelo setor pois podemos encontrar boas empresas, recomendo estudo na EZTEC não se trata de recomendação de compra mas essa empresa tem se mostrado resultados consistentes em períodos difíceis no segmento.

O segmento educacional é outro exemplo a ser analisado pois está atrelado ao FIES. Ao investir em ações deste ramo de atividade deve ser investigado o quanto a empresa depende deste incentivo para obter bons resultados e gerar lucro para o investidor de longo prazo.

Ressalto que não se trata de crítica ao programa FIES e também não é o objetivo indicar veto à aquisição de ações de empresa deste segmento, mas se decidir pela compra de papéis com essa característica deve medir o quão pode ser vulnerável se algo mudar. É importante estar ciente do risco atrelado aos programas sociais dos governos e não se trata de crítica, mas devemos considerar que de tempos em tempos governos mudam e consequentemente as prioridades também podem ser outras e por diversas razões as alterações ocorrem seja por questões econômicas, calamidades, arrecadatória, ideológicas e etc...

Um caso emblemático foi o caso da Eternit(ticker ETER3), essa empresa por um longo período gerou excelentes resultados aos acionistas, mas por anos houve toda uma discussão em torno do amianto. Até que chegou o dia que foi proibido o uso do amianto e como a positividade(geração de valor) estava atrelada a este componente logo os resultados apresentaram piora publicação após publicação dos balanços.

Fica evidenciado a necessidade de cautela toda vez que a empresa depender de um componente onde o sucesso do resultado depende da decisão de um determinado grupo externo, pode ser sinal de vulnerabilidade. O problema nunca foi comprar papéis dos ramos de atividades como os das construtora, educacionais ou até mesmo a Eternit e sim não ter estudado, partir para o "ALL-IN" entrar com tudo na empresa colocando muito dinheiro, não ter feito diversificação em outras empresas e outros setores, não ter elaborado um plano de saída. Tais cuidados podem ajudar a fazer o acionista de longo prazo se beneficiar das boas fases e quando o investimento deixar de ser interessante sair sem dano financeiro e com mais patrimônio.

-37-
Planos para o futuro

Não tente copiar ninguém no mercado acionário (você nunca saberá o que Warren Buffet, George Soros, Lírio Parisotto e Luiz Barsi estão fazendo na realidade), também não distribua dicas pois você eternamente pode ser responsabilizado por algo ao qual não lhe compete, mas se mesmo assim desejar contribuir indique leituras de bons livros com conteúdo sensato, as pessoas entram na bolsa de valores por razões erradas, iludidos e essa é a fonte de muito prejuízo para aqueles que não fazem ideia sobre a necessidade de trabalhar, poupar, estudar e só depois investir...infelizmente a realidade é dura e o caminho mais seguro para formação consistente de patrimônio é essa sequência anteriormente citada.

E se você chegou até aqui continue se aperfeiçoando e descomplicando nos investimentos, não se engane simples sempre vai ser o melhor caminho, então muito cuidado com o que anda lendo por aí...pois são sementes que você está plantando na sua mente, outro ponto não nutra sentimentos nas operações realizadas e nos ativos em carteira (se for por esse caminho isso vai causar muito sofrimento e tirar a sua paz).

No mundo dos investimentos o bom é o tédio, a partir do momento que passa a misturar sentimentos você está fadado ao fracasso, ou seja, começou a perder e não se deu conta (cedo ou tarde chegará o preço do pedágio dos otários). Quer emoção, vai ter com os entes queridos, vai praticar esportes, vai ao cinema, vai viajar...destine a sua energia para direção adequada.

Se você passar a ver os investimentos de maneira fria, inanimada, como algo tedioso que levará anos e anos para a remuneração do seu capital ficar evidenciada...com essa simples atitude suas chances aumentam. Investimento é para ficar sem mexer(ficar parador), pois a visão de curto prazo é míope e assim você será conduzido a vender na baixa quando a situação parece ruim e comprar na alta quando a histeria é generalizada.

-38-
Carteira de dividendos nossa que viagem...

Algo que fazem o maior barulho pra quase nada e muito investidor iniciante gasta tempo e energia com essa bobeira.

Em primeiro lugar a maioria dos livros que existem são baseados no ambiente dos Estados Unidos que tem uma legislação diferente se for comparado com o Brasil, tem o mercado acionário mais maduro (e pasmem só para exemplificar o índice SP500 tem mais ações que a bolsa de valores brasileira que atualmente conta com um pouco mais de 400 empresas de capital aberto) e para finalizar bolsa de valores nos Estados Unidos existe há mais de 200 anos (é um mercado bem desenvolvido se comparado ao Brasil).

Já o mercado Brasileiro tem algumas centenas de empresas com capital aberto, bolsa é relativamente novo se comparada com os Estados Unidos, a moeda corrente do país é nova (o real criado em 1994), cenário político volátil a cada eleição um país toma rumo diferente o que nos leva a insegurança jurídica.

Após essa comparação de cenários nos deparamos com ambientes distintos para investimentos na bolsa de valores. Existem dois tipos de empresas, as de crescimento e as conservadoras. Por exemplo nos Estados Unidos é fácil identificar em qual característica está enquadrada determinada empresa, pois uma empresa de crescimentos é 50, 60 anos ou mais com essa característica, o mesmo se aplica para empresas conservadoras essas pagam mais dividendos porque não investem tanto para obter crescimento.

No Brasil não é possível ter a garantia de ter um tipo(conservadora ou crescimento) de empresa ao longo do tempo, ou seja, montar uma carteira de dividendos ou de crescimento e ter a certeza que assim permanecerão por um prazo longo não é garantido. E essa situação se deve pelo fato que o Brasil é um país volátil, cercado por instabilidade política e econômica, o ambiente de negócios nesse cenário é imprevisível, e por restrições mercadológicas as vezes as empresas podem mudar de crescimento para conservadora, são várias situações mas para exemplificar vamos utilizar a AMBEV como modelo é uma empresa que não tem mais para onde crescer podemos pensar que essa no seu segmento chegou no topo e pelo fato que as suas possibilidades de ampliar os negócios diminuíram logo passará a distribuir mais dividendos, consequentemente menos investimentos para crescer, e mesmo que a AMBEV faça um movimento de compra está sujeita a chancela(aprovação) do CADE(Conselho de Administração e Defesa do Econômica) e assim evitar monopólio.

-39-
Pega ladrão!!!

No histerismo a carteira dos incautos está mais vulnerável, cuidado pois você pode estar e entre os que estão mais propensos a serem enganamos (manipulado como a massa da manada).

Já parou para observar quanto dinheiro corre quando uma notícia "bombástica" é lançada na mídia? E no dia seguinte está tudo bem?

E quantas vezes foram lançadas notícias apocalípticas sobre o colapso do sistema financeiro? E o sistema financeiro aí está no seu pleno funcionamento?

E quantas vezes anunciaram o fim do mundo(nesse caso tanto faz onde o dinheiro está investido)? E o mundo continua o mesmo?

Também temos notícias positivas, eufóricas como:

- Bolsa de valores uma fábrica de milionários (no topo tudo é bom).

- Bolsa de valores uma fábrica de milionários (tempos depois fuja da bolsa o pior investimento).

- Bolsa de valores não para de subir é o investimento do ano.

E tantas outras notícias, enquanto você estiver disposto a se envolver que essas questões sempre existirá algo para o conduzir como gado, como uma mamada e o pasto são as notícias. Nesse ponto quero chamar a sua atenção para as agências de riscos, essas atribuem notas para países e empresas, como se fosse um certificado de garantia. Fiquem atentos quando for ventilado na mídia que determinada agência classificou determinado país ou empresa e portanto é um lugar seguro para destinar o seu capital para investimentos.

Um exemplo emblemático é o caso do banco BVA em 28 de agosto recebeu uma ótima classificação pois segundo a agência de risco tem boa segurança para honrar os compromissos, 28 de setembro solidez financeira e no dia 19 de outubro foi decretada a intervenção do Banco Central e o ratting cai pra "D" evidentemente caiu a classificação o banco quebrou.

-40-
Bizarro, trocaram até nome mas o resultado nunca veio

É impressionante a forma que as pessoas se enganam na esperança de encontrar a mina de ouro, a grande tacada e outras vezes por falta de conhecimento perdem dinheiro o transferindo de uma mão para outra em operações na bolsa de valores.

Uma empresa não se torna boa por trocar de nome.

Eco Diesel, virou vanguarda e depois terra santa essa trocou de nome e atraiu um monte de incautos...

Essa empresa era Sweet Cosméticos, virou vitalyze Me saúde e agora é Advanced DH, foi de cosméticos a mineradora

-41-
Ações sem liquidez fique longe dessa arapuca

A liquidez é um parâmetro a ser considerado no momento da seleção de papéis na bolsa de valores para compor a sua carteira de ações.

A liquidez é o número de negócios que a ação de determinada empresa tem diariamente na bolsa de valores, portanto quanto mais negociado o papel for, será melhor para o pequeno investidor.

O pequeno investidor deve sempre avaliar a liquidez do papel, pois ao investir em uma determinada ação na bolsa de valores, se por acaso cometeu algum equívoco onde os critérios não foram suficientes para afastá-lo de alguma empresa problemática ou os fundamentos perderam condições mínimas para manter o papel na carteira de investimentos em ações. Nesses casos volume de negociação permitirá à você sair por completo do investimento.

E mesmo que a empresa tenha bons fundamentos a falta de liquidez é um indicador que companhia não quer acionista minoritário, por essa razão podemos considerá-la como "empresa de capital fechado" portanto melhor evitar papéis nessas condições.

Não é proibido a compra de empresas com papéis na bolsa de valores na situação de baixa liquidez, mas é preciso reconhecer o risco em uma decisão de aquisição de papéis com essas características. Mas se mesmo assim você optar em adquirir tenha um plano, ou seja, esteja munido de um controle de risco pois se algo sair do planejado esse problema não afetará de forma significativa a sua carteira de ações.

-42-
É hora de vender

O momento de um eventual desinvestimento exigi muita habilidade, é discutível o que mais detona o patrimônio no longo prazo se é ter um ativo ruim em uma carteira diversificada (composta também por excelentes empresas) e consequentemente o risco diluído ou sair de uma empresa boa em um momento ruim no segmento, alguma questão atípica.

Para uma saída mais segura e que não cause nenhuma dano para a sua carteira de ações, você pode estabelecer alguns processos, ou seja gatilhos para retirada total do papel do seu portfólio.

- Primeiro ponto, se as compras são efetuadas mensalmente pare imediatamente de comprar e deixe a empresa de quarentena;

- Segundo ponto, não venda imediatamente toda a posição do papel que está encarteirado por duas razões:

1) Pode ter ocorrido falha na análise e os fundamentos podem melhorar;

2) Dependendo do montante de capital alocado pode incidir imposto de renda (atualmente o limite é 20 mil reais por mês);

*A solução para cobrir essas situações de maneira eficiente é que ocorram vendas mensalmente, portanto todo mês uma parte da sua posição tenha pequenas vendas, assim evita o imposto de renda e também mitiga os erros de analises e consequentemente a venda de uma ação de uma boa empresa e também podemos pensar no cenário de reviravolta (embora seja raridade esses acontecimentos).

-43-
Bonificação, nada aconteceu...

É fazer alarde por nada quando se trata de eventos provenientes das empresas com ação na bolsa de valores, podemos citar alguns acontecimentos como a distribuição de dividendos, OPA, lucro sob capital próprio, desdobramentos de ações e por fim a tal bonificação. Na verdade não há nada de extraordinário, podemos até aceitar como "relevante" a distribuição de dividendos pois está relacionada ao lucro (cuidado pois a OI(ticker OIBR3 e OIBR4) foi uma grande pagadora de dividendos e o desfecho desaguou em uma recuperação judicial e a Apple nunca pagou dividendos e os acionistas estão milionários...).

Em relação à OPA ocorre quando a empresa anuncia que vai comprar todas a ações e cancelar o registro na bolsa de valores, e no caso específico desse evento é um claro sinal que a empresa não quer sócio minoritário na sua base acionária, discutem muito sobre o "prêmio" a ser pago aos minoritários com referência ao preço médio negociado dos papéis com base em um número "X" de pregões mas essa questão não deveria influenciar no sucesso dos seus investimentos e nem ser determinante na sua vida.

Na verdade um único investimento não deveria ser o motivo da sua tranquilidade ou angústia, e se por acaso perceber que seus investimentos em ações na bolsa de valores te colocam nessa situação é sinal que a composição da carteira não está suficientemente diversificada e por essa razão é necessário imediatamente fazer uma revisão no seu portfólio pois há evidências de vulnerabilidade.

Quanto ao desdobramento de ações é algo que para o investidor de longo prazo não gera ganho econômico e nem prejuízos, apenas o aumento de liquidez quando pensamos no volume negociado dos papéis mas no final do dia a sua posição acionária será a mesma.

Vamos supor que determinada ação pertencente à composição do seu portfólio de investimento tem o preço médio de mercado de 40,00$ e a sua carteira de investimentos é composta por cerca de 10 ações, ou seja, o seu patrimônio em uma data específica é de 400,00$, em um eventual desdobramento de cada 1 ação se converta em outras 10 após o evento do desdobramento, então sua posição passaria para 100 ações e o preço médio seria de 4,00$ e o patrimônio continuaria 400,00$ portanto o mesmo. A conclusão é que não passa de um grande desperdício de energia ficar histérico ou se emocionar nessa situação pois não ocorreu nada.

-44-
Querem sair bem na foto!

É bem comum o comportamento do deslumbrado com a bolsa de valores querer impressionar os familiares, amigos, vizinhos e colegas de trabalho, ou seja em todo o lugar tem a necessidade de aparecer e sempre algo a dizer (todo burro sempre tem algo a falar).

Já pararam para pensar quanta gente perdeu dinheiro por conta de indicação de deslumbrado, é evidente entre uma operação e outra pode ser que algum desses se deu bem (pelo fenômeno das chances as probabilidades são plausíveis, pois o volume de pessoas fazendo loucura em algum momento alguém acerta).

Vamos pensar nos "papa dividendos", quanta gente foi induzida a comprar as ações da Eletropaulo (ticker: ELPL3 e ELPL4) porque em um período pagou uma enormidade de proventos, muitas pessoas concentraram os investimentos nessa ação e em casos extremos venderam imóveis pois iriam aposentar e viver de renda...nem um problema em almejar aposentadoria provida por ações ou investimentos em outros ativos, mas basicamente nesse caso existem dois problemas:

1 - Desconhecer a maneira que a empresa ganha dinheiro, no caso do segmento de distribuição de energia elétrica essas empresas são remuneradas pelo WAACK (o governo arbitra a taxa de remuneração);

2 - Investir de maneira concentrada é perigoso, se realmente planeja se aposentar deveria preservar o patrimônio que lhe

pertence, concentrar em poucos ativos o seu capital está em situação vulnerável e consequentemente a sua renda para pagar as contas também.

Veja só o tipo de problema que as pessoas entram por deslumbre e falta de conhecimento no caso da Eletropaulo.

Não tinha nenhum problema em ter Eletropaulo na carteira de ações, grande mal foi o histerismo com os dividendos, falta de estudo que levou os investidores iniciantes a comprar os papeis pelas razões erradas sem saber no que investiram. Diante deste cenário quem não foi capaz de ficar calado provavelmente causou muito dano com as indicações que fez às pessoas.

Ainda falando do deslumbrado "papa dividendos" podemos pensar na OI (ticker OIBR3 e OIBR4) empresa faz parte de um segmento altamente concentrado (quase um monopólio), distribuía uma enormidade de dividendos e que levou a convicção de se tratar de um bom investindo, consequentemente o incauto passou fazer indicações em roda de amigos e em todo ciclo social que o sujeito faz parte, o problema é que não se atentou ao seguinte:

- Endividamento descontrolado;

-45-
O que são fundamentos?

É uma questão muito comentada no universo dos investimentos em empresas na bolsa de valores, no mundo inteiro se ouve falar nos fundamentos.., para todo investimento realizado devemos sempre buscar embasamento sólido que justifique a decisão sobre comprar determinada ação da bolsa de valores e no caso podemos pensar em uma metodologia, em alguma forma que dê o respaldo no apoio à decisão no processo de seleção. Então toda vez antes de decidir comprar ou vender determinado ativo da nossa carteira de ações é a nossa lição de casa é avaliar os fundamentos.

E afinal o que são os fundamentos de uma empresa?

Uma boa pergunta!

É o lucro, EBIT, EBITDA, margem de lucro, endividamento, caixa, receita líquida, receita bruta, amortização, depreciação, fluxo de caixa, patrimônio líquido, despesas com pagamentos de juros, são os múltiplos (P/L, YELD)..?

Na verdade um dado sozinho não representa nada é evidente que ao notar numa primeira verificação uma empresa que entrega constantemente prejuízos ano após ano...nessa situação todo investidor deveria procurar outro investimento e não uma jazida de joias preciosas na bolsa de valores (você de fato não encontrará).

Existem dados que não se adequam à determinados ramos de atividades, por exemplo não é possível aplicar o índice de Basiléia no segmento de empresas de vestuário, pois tal indicador é apenas utilizado no setor bancário.

Assim como o SSS não é aplicável para empresas de saneamento.

É evidente a necessidade de observar o conjunto de variáveis para desenvolver um estudo cujo objetivo é buscar apoio analítico sólido no momento que ocorre a decisão de adquirir determinada ação na bolsa de valores. Então a maneira segura para tomada de decisão são os fundamentos que não se trata de uma coisa só, de um dado apenas e sim um conjunto de variáveis onde devemos também considerar o "case" da empresa.

Algumas análises rápidas sobre "case":

Você investiria seu dinheiro em uma ação de uma empresa que o principal negócio é produzir máquinas de datilografia? (Alguma chance se for para o mercado vintage mas mesmo assim será que tem potencial para vendas em escala?)

Você investiria seu dinheiro em uma ação de uma empresa que o principal negócio é a revenda de guia de ruas? (Com o "boom" dos aplicativos não faz sentido esse negócio pois existem "APPs" extraordinários como por exemplo podemos pensar em Google Maps e Waze)

Então podemos entender que fundamentos é um pouco de cada elemento e nem onde nem todas as variáveis se combinam.

-46-
E o IBOVESPA ?

Uma resposta simples pra algo que não tem importância para o pequeno investidor de longo prazo, em outras palavras não representa nada.

Ninguém é sócio de índice, investidor de longo prazo é sócio de empresas de capital aberto e em ações ON (Ordinárias).

O IBOVESPA (ticker BOVA11) popularmente conhecido como IBOV deve ser observado que o referido índice não gera lucro, não distribui dividendos. Outro ponto é que o fato do índice cair ou subir não tem importância pois não há relação com o papel de sua carteira de investimentos, ou em outras palavras a saúde financeira da empresa não estão em questão e de longe a oscilação na cotação não interfere na geração dos resultados.

O índice é composto por uma carteira teórica de ações que a cada 4 meses passa por uma reavaliação e os papéis que compõem índice pode mudar, a medição é feita com base no peso que cada ação da carteira e o valor da cotação dos referidos ativos que o compõem. Para o investidor o valor da cotação não importa para o sócio de longo prazo.

É importante ressaltar que ser sócio da bolsa que no caso a B3(ticker B3SA3) é diferente de comprar o índice, pois a B3 é uma empresa que tem ganhos com base no volume de operações.

-47-
O Lucro caiu e agora?

O lucro diminuir é algo normal, ou seja, não é o fim do mundo. É necessário compreender a característica dos investimentos da bolsa de valores, quando se pensa em mercado de ações devemos ter de maneira implícita o conceito de renda variável e como anteriormente comentado em tópicos passados podemos ter variações para cima e para baixo também, conceito clássico de renda variável.

Não há necessidade de alarde quando um balanço de determinada empresa na bolsa de valores vem com um lucro menor, por diversas razões situações como uma crise no setor, pressão dos custos, crescimento da concorrência, retração econômica e etc...

Em casos de quedas nos lucros não há motivo para se emocionar, assim como altas acentuadas também não deveriam instigar o apetite do investidor de longo prazo pois nesse caso pode ser que a empresa pode ter efetuado venda de ativos e desta maneira gerar um lucros não recorrente (significa que pode não manter no futuro um lucro equivalente).

O problema de uma queda momentânea ou uma alta repentina pode fazer com que o pequeno investidor caia na armadilha das especulações provenientes de notícias e essas podem direcionar para uma decisão errônea, portanto não consuma notícias e sim balanços(essa é a fonte e os seus dados podem ser consultados e utilizados para apoia à decisão de investimento ou desinvestimento).

E sobre o lucro diminuir, não precipite para movimentos de venda da ação da bolsa de valores pois enquanto a empresa gerar valor ao invés de prejuízos, o investidor de longo prazo pode considerar mantê-la no portfólio e se realmente decidir sair do investimento monte um plano se saída como por exemplo deixar em quarentena e aos poucos vender a posição encarteirada.

Leve em consideração que não existe empresa cujo o lucro aumente para sempre. Mas no mercado de ações acontecem coisas bizarras como por exemplo o histerismo gerado por conta na diminuição do lucro de excelentes empresas. A título de exemplo a OGX essa empresa nunca deu lucro mas nunca foi elaborado questionamento sobre esse fato, então qual é o racional por trás do investidor de longo prazo comprar uma ação na bolsa de valores de uma empresa que nunca deu lucro, e por outro lado quando uma boa empresa tem um período de baixa fica todo mundo histérico?

-48-
A linguagem dos negócios

Uma questão que passa a ser um desafio importante para o investidor de longo prazo é saber o mínimo antes da decisão de investir em uma empresa de capital aberto(empresa da bolsa de valores) para compor o seu portfólio de investimentos.

Existem questões básicas que talvez de uma forma implícita temos embutida na nossa percepção mas com toda essa confusão gerada pelos noticiários, analistas e comentaristas levam a maioria dos investidores iniciantes na bolsa de valores em direção à uma conclusão errada como por exemplo podemos pensar na seguinte situação:

Você é convidado para se tornar sócio padaria que só dá prejuízo, neste cenário fica a pergunta...investir nesse negócio realmente vale à pena uma vez nunca deu lucro, ou seja uma montanha de prejuízos e no pacote junto as dívidas, diante deste cenário nada promissor é sensato comprar uma participação nesse negócio? Você realmente investiria o seu dinheiro nessa canoa furada que não vai te levar a lugar algum a não ser tirar o seu sossego (investir é para gerar tranquilidade na vida), certamente esse investimento não aconteceria. Essa mesma analogia tem que ser utilizada na compra de ações, quando se investe é similar ao investimento na padaria do exemplo pois devem ser consideradas as variáveis básicas as de lucro, endividamento e algumas outras. Para ter sucesso não é preciso ser um especialista inclusive se olhar muito para os detalhes pode levar a perder tempo e girar o patrimônio, bom senso ajuda.
De fato na maioria das vezes os investidores que iniciam na

bolsa de valores são desorientados pela enxurrada de informações onde os dados estão distorcidos e muita confusão é gerada essencialmente por conta das cotações, falam muito em hora de comprar, hora de vender, rali, tendências de queda, tendências de alta, rompeu o índice e quando a bolsa está em queda por um longo período falam que a bolsa é pior investimento do mundo, na verdade todos os dados que o mercado traz à tona por intermédio dos analistas, não tem importância para os investimentos de longo prazo.

Em suma para entender a realidade econômica de uma empresa é necessário noção básica de contabilidade. Através da contabilidade podemos compreender o que se passa com a empresa e por meio dela entendemos a linguagem dos negócios.

É porque devemos confiar na contabilidade para apoia à tomada decisão ao investir em uma empresa com ações na bolsa de valores?
No Brasil existe o CPC(Comitê de pronunciamentos contábeis) que tem a função de normatizar toda padronização das demonstrações financeiras (todos os anos o CPC atualiza os normativos, lança novos normativos, renova outros normativos sempre baseado em outros comitês de outros países).
Também existe uma auditoria contábil no fim do ano, toda demonstração financeira deve ser submetida à auditoria.

As empresas do novo mercado tem um comitê interno de auditoria que estão em contato com os auditores internos para alinhar a contabilidade com os administradores e com os demais acionistas.

As empresas de capital aberto são obrigadas a apresentar trimestralmente os resultados os chamados ITR(Informe trimestral, esse não é auditado).

E no final do ano as empresas informam a DFP(Demonstração financeiras padronizadas, essa é auditada, ou seja tem o parecer do auditor).

DRE (Demonstração do Resultado do Exercício) a representa demonstra quanto foi a receita, custos, despesa, resultado e lucro líquido.

BP (Balanço patrimonial) onde podemos ver os ativos(bens e direitos), passivos (obrigações e deveres com terceiros) e o patrimônio líquido (são os ativos menos os passivos), serve para ver como a empresa se financia.

DFC (Demonstração do Fluxo de Caixa), demonstra tudo o que entrou é tudo que saiu em termos de dinheiro, e este é dividido em três partes:
Fluxo de Caixa operacional (literalmente o que entrou e saiu referente as operações da empresa);
Fluxo de Caixa de investimentos (referente aos investimentos);
Fluxo de Caixa de financiamento (referente aos valores pagos para os sócios e pagamentos de dívidas);

-49-
Socorro!!! Para qual direção olhar e qual caminho a seguir?

A contabilidade é a linguagem dos negócios e por intermédio das demonstrações financeiras temos informações sobre a situação das empresas de capital aberto(com ações na bolsa de valores), mas para uma análise básica é necessário o conhecimento da existência de alguns componentes elementares cujo são sinalizadores da saúde financeira da empresa e com esses dados combinados são uma excelente fonte de apoio à decisão no momento de uma aquisição de uma empresa na bolsa de valores.

Um dos itens é a receita bruta e receita líquida e são dados da DRE.

Onde a receita líquida é:

Receita bruta(Total) - Menos impostos(Incidem sobre a receita) - Devoluções(produtos vendidos) - Descontos (concedidos aos clientes).

Devemos observar se faz sentido a evolução da receita com base nos investimentos que a empresa realiza, se a empresa está investindo no crescimento a consequência é o aumento da receita, é evidente que o crescimento pode levar um tempo para acontecer. Sendo assim devemos observar onde a empresa está investindo com base na sua expansão, manutenção ou crescimento de sua operação.

Outro dado a ser observado é o CPV(Custo do Produto Vendido) é um componente da DRE. Custo do produto vendido é a forma unitária de cada unidade vendida.

Exemplo:

Uma empresa de parafusos produz 100 mil unidades e vendeu metade dos itens o CPV apurado na DRE vai ser sobre as 50 mil unidades vendidas e o saldo remanescente vai para o estoque e será visível no balanço patrimonial.

Com os custos apurados podemos chegar no Lucro Bruto, portanto teremos:

Receita Líquida - CPV(Custo do Produto Vendido)

O lucro bruto também podemos chamá-lo de lucro de chão de fábrica, e com essa rubrica a empresa sabe quanto dinheiro dispõem para pagar despesas administrativas, despesas marketing, despesas vendas, despesas de salário de executivos, transporte e etc...

E com os dados do lucro bruto divido pela receita líquida temos a margem bruta. O indicador da margem bruta pode ser utilizado para medir o quão eficiente uma empresa foi durante um determinado período, por exemplo:

Uma determinada empresa obteve receita líquida 100$ milhões e um lucro bruto de 50$ Milhões então ao aplicar a fórmula da margem bruta o resultado será de 50%.

Cenário 1:

Vamos supor que no ano seguinte a mesma empresa manteve a receita de 100$ milhões e lucro bruto de 40$ milhões, então temos a margem bruta de 40%, podemos concluir que houve aumento nos custos pois é evidente que o lucro bruto caiu.

Cenário 2:

Vamos supor que em outro período a empresa manteve a receita de 100$ milhões e o lucro bruto foi de 60$ milhões, então teremos a margem bruta de 60% isso significa que houve um ganho operacional pois a receita se manteve mas todavia os custos diminuíram.

EBIT (LAJIR), por meio deste componente podemos verificar o lucro operacional (indicador da qualidade do lucro), excluídos despesas ou receitas financeiras, portanto neste componente os juros advindos de aplicações financeiras, juros sobre capital próprio e qualquer outra receita que não a gerada pela venda dos produtos/serviços não são considerados no cálculo.

O EBIT(LAJIR) ´pode ser utilizado como ferramenta de apoio onde um investidor pode visualizar o potencial do resultado da empresa. Também podemos utilizar esse indicador para avaliar empresas do mesmo setor mas que estão enquadradas em regimes tributários distintos, em situações como essas podem distorcer a análise do investidor e desta forma conduzi-lo a uma decisão equivocada uma vez que as diretrizes tributárias poluíram os resultados no momento da avaliação.

Em resumo o EBIT(LAJIR) representa para empresa os ganhos e as perdas necessários para execução de sua atividade principal(core business) e desta forma tomar conhecimento sobre o andamento da operação da empresa.

Devemos nos atentar nas análises onde utilizamos o EBIT(LAJIR) pois os números deste componente contém valores relativos à depreciação e amortização e estes não representam saída de dinheiro do caixa da empresa.

EBITDA(LAJIDA), por meio deste componente podemos verificar a saúde financeira da empresa com base na receita geradas proveniente das operações, ou seja verificar o lucro operacional da empresa, é o Lucro Antes dos Juros Impostos Depreciação e Amortização em português podemos chamar de LAJIDA.

Despesas VG&A itens:

1-) Despesas com vendas são provenientes dos salários dos vendedores, comissões, transporte tais como frete, locomoção dos produtos e etc.)

2-) Despesas gerais e administrativas (despesas com sede administrativa, salário dos funcionários que não são vendedores, salário de diretores aluguel do imóvel)

O EBITDA é obtido com o seguinte cálculo:

Lucro Bruto - Despesas VG&A (Despesas de Vendas gerais e Administrativas)

Os indicadores EBIT e EBITDA são referências que podem ser utilizadas na comparação entre vários exercícios fiscais(anos em atividade) e desta forma verificar a eficiência produtiva entre cada ano apurado. Outro ponto

é a possibilidade de avaliar a eficiência da empresa excluindo outras variáveis que influenciam o resultado, neste caso um diferencial para tratar de questões orçamentárias. Esses indicadores não consideram os impostos

desta forma podem ser utilizados para avaliar o resultado da empresa em outros países uma vez que esses componentes não estão contaminados com as mais distintas alíquotas e esquemas tributários de cada país.

Nas análises de empresas é necessário evitar analise com apenas um componente, pois nesse caso pode levar a uma análise errada, por exemplo:

"Vamos supor que determinada empresa apresentou um lucro operacional positivo levando em conta EBIT/EBITDA o problema que esses indicadores não levam em conta despesas com financiamento, logo se uma empresa tomou empréstimos e estes comprometem a geração de valor ao longo do tempo e com isso direcionar o investidor de longo prazo fazer um investimento equivocado."

Depreciação e Amortização:

Depreciação é um gasto da empresa referente à desvalorização de um ativo real ao longo do tempo em decorrência do uso, obsolescência e o desgaste natural.

Existem três tipos de depreciação:

- Depreciação linear (está relacionado ao desgaste natural proveniente da utilização de um ativo);

- Depreciação acelerada (utilização do maquinário por mais de um turno de 8 horas);

- Depreciação incentivada (forma de estimular a renovação do parque fabril);

Amortização é uma "depreciação" para ativos intangíveis ou seja ativos não reais como por exemplo um software, uma licença, aquisição de uma empresa acima do seu valor contábil.

Normalmente aqui no Brasil gastos de depreciação/amortização não são visível na DRE pois estão distribuídos despesas de vendas gerais administrativas, dentro dos custos vendidos.

Embora na realidade não há efeito no caixa mas em determinado momento a empresa terá que repor o ativo/bem, podemos considerá-las como despesas reais sem efeito no caixa.

Balanço patrimonial:

O balanço patrimonial se refere a uma data especifica, como se fosse uma fotografia de um determinado momento da empresa, e com essas informações podemos analisar/medir a qualidade dos ativos e a influência negativa ou positiva que é exercida na companhia. Onde a visão geral do balanço patrimonial é demonstrar a forma que os ativos da empresa são financiados.

O lado esquerdo do balanço patrimonial demonstra quais são os ativos que a empresa é proprietária, exemplos:

- Caixa da empresa;

- Investimentos;

- Contas a receber;

- Estoques;

No balanço podemos ter diferentes variações na classe de ativos.

Ativos intangíveis:

- Patentes;

- Marcas;

- Aplicativos;

Ativos imobilizados:

- Maquinários;

- Imóveis;

- Terreno;

- Veículos(caminhões, navios, aviões e etc..;
- Ferramentas e moldes;

O lado direito do balança patrimonial demonstra qual é a fonte de recursos utilizados para financiar os ativos cujo a empresa é detentores tem ou seja estamos falando de passivo portanto podemos considerar como todas as obrigações(dividas) tais como:

- Fornecedores de matéria prima;
- Empréstimos;
- Salários;
- Aluguel;
- Impostos;

Tantos os ativos e os passivos, são divididos em:

- Ativo circulante e não circulante;
- Passivo circulante e não circulante;

A diferença entre circulante e não circulante é a classificação de acordo com os vencimentos de dívidas ou receitas. Vencimentos com prazos menores que um ano são classificados como circulantes, portanto contas no balanço patrimonial com período superior a um ano são classificadas como não circulantes.

O Patrimônio líquido é a diferença entre o ativo para o passivo, e o que sobre é o patrimônio líquido e que sobre é o que pertence ao sócio da empresa.

Fluxo de caixa:

Demonstração do fluxo de caixa:

É a demonstração financeira que é abertura de todas as transações da empresa que aconteceram com a conta "caixa".

Essa é dívida em três partes (rubricas):

- Fluxo de caixa operacional:

 Todas as transações que ocorreram no caixa de forma operacional, tais como salários de funcionários, contas de luz, agua.

- Fluxo de caixa de investimento;

 Todas as transações que ocorreram no caixa da empresa relacionadas a investimentos, tais como aquisição de imóveis, venda de imobilizados, renovação de maquinário, venda de máquinas, aplicações financeiras, resgates de investimentos, CAPEX (valor que saiu do caixa para aquisição de ativos imobilizados).

- Fluxo de caixa de financiamento;

 Demonstra as transações do caixa da empresa com terceiros e com os sócios, quando a empresa paga dividendos, quando a empresa amortiza uma dívida, toma uma dívida, emissão de novas ações, pagamento de dívidas, juros sobre capital próprio.

CAPEX e OPEX:

CAPEX é investimento em capital alocado em ativos tais como físicos(máquinas, prédios, armazéns) ou intangíveis (propriedades intelectuais ou patentes), ou seja, investimento em bens para execução das operações da empresa, onde é esperado retorno ao longo do tempo sendo no curto ou longo prazo.

Podemos elencar construção de novo centro de distribuição, aquisição de novo maquinário, software e etc...

OPEX está relacionado a despesas operacionais, ou seja, é voltado para melhoria ou manutenção dos bens da empresa, é de extrema relevância acompanhar os gastos com serviços e operações pois estes estão sujeitos à dedução de impostos.

Podemos elencar outros elementos à cerca de gastos que podem ser considerados para o OPEX, tais como despesas com viagens, folha de pagamento, manutenção de equipamentos, propaganda e marketing.

-50-
Reflexão

Nos momentos de pânico, momentos de euforia a racionalidade é obscurecida pela sombra do caos e a tormenta quando chega não há chances para os apaixonados, deslumbrados e iludidos. Apenas os que terão chances, são os cautelosos que agiram com serenidade baseados em fatos e não em promessas ou esperanças, sempre procure estar embasado nas suas decisões e pense por você, se mantenha afastado de problemas, pois é muito difícil se livrar deles. Mantenha sua mente limpa não se deixe levar pelo que é vomitado todos os dias por especulações.., evite as especulações, as oportunidades desta forma as suas chances na bolsa de valores aumentarão naturalmente.

Para ter chances na bolsa de valores não é necessário ser um especialista, estudar todos os dias por horas inclusive finais de semanas e feriados ou procurar por um método (eu fiz muito isso) não é preciso, não desperdice o seu tempo.

Dê importâncias para as coisas que realmente tem valor na vida. Neste livro provocações foram lançadas para despertar a analise critica, estimular o discernimento pois quando estiver perto de uma armadilha terá condições para evitar e desta forma se ver livre de muita dor de cabeça e lamentações no futuro.

Seja moderado!!!

Enoc Baxter

www.ingramcontent.com/pod-product-compliance
Lightning Source LLC
Chambersburg PA
CBHW031445210526
45464CB00005B/2340